AF242404

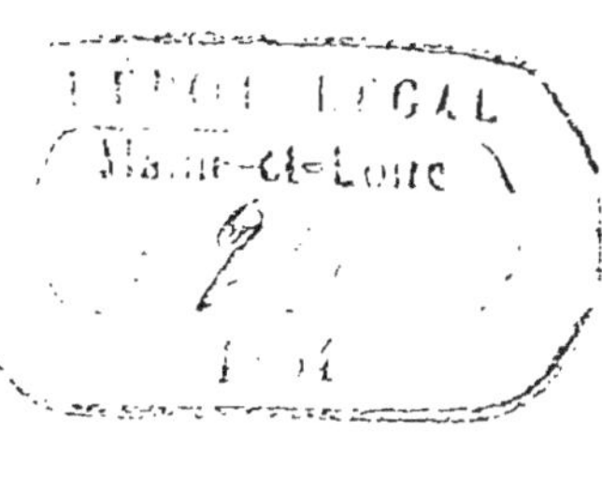

UNE FÊTE A ROME

OU

CANONISATION

DES

MARTYRS DU JAPON.

1864

UNE FÊTE A ROME

ou

CANONISATION

DES

MARTYRS DU JAPON.

Le 8 juin 1862, fête de la Pentecôte, était le jour fixé pour la canonisation des bienheureux martyrs du Japon et du bienheureux Michel de Sanctis.

L'Église distingue trois degrés dans la glorification des serviteurs de Dieu. Ils sont déclarés successivement *vénérables*, *bienheureux et saints*. Lorsque la sacrée congrégation des Rites a discuté leur vie, et constaté leur réputation de sainteté, et que le Pape a signé la commission apostolique de l'introduction de la cause, ils sont appelés *vénérables*. Lorsque de longues et sévères investigations ont établi leurs vertus et leurs miracles, ils sont proclamés *bienheureux*, c'est-à-dire, reconnus comme jouissant du bonheur céleste. C'est là ce qu'on nomme la béatification, après laquelle on donne à une ville, à une province, à un ordre religieux, à un diocèse, la permission de leur rendre un culte public. Vient enfin la canonisation, qui est une sentence définitive par laquelle le Pape déclare qu'une personne, déjà comptée parmi les bienheureux, doit être portée au catalogue des saints, et honorée dans tout l'univers catholique du culte qu'on rend aux autres saints. Les saints canonisés sont inscrits dans le calendrier ecclésiastique, dans les martyrologes, dans les litanies, et dans tous les autres diptyques sacrés. Ils sont invoqués dans les prières et dans les offices publics de l'Église. On consacre à Dieu, sous leur invocation, des temples et des autels. On offre en leur honneur le sacrifice de la messe. On célèbre le jour de leur fête, qui est ordinairement l'anniversaire de leur mort. On expose leurs images dans les églises; et ils y sont représentés la tête environnée d'une couronne de lumière qu'on appelle auréole, et qui est le signe de la gloire dont ils jouissent dans le ciel. Leurs reliques sont placées dans des châsses précieuses, offertes à la vénération des fidèles, et portées avec pompe dans les processions solennelles.

Les cérémonies de la béatification et de la canonisation des saints se font toujours dans la basilique du Vatican, connue dans tout l'univers sous le nom d'église de Saint-Pierre. Il n'est personne qui ne sache que Saint-Pierre de Rome est la plus grande et la plus magnifique église du monde. La grande nef a 562 pieds de longueur, 85 pieds de largeur, 140 pieds de hauteur. La nef transversale qui forme les transsepts a 408 pieds

de longueur. La coupole a 130 pieds de dia-
mètre à l'intérieur ; elle est soutenue par
quatre piliers qui ont 142 pieds de hauteur.
La croix qui couronne le dôme est à 400
pieds de terre. Le baldaquin du grand autel
est en bronze doré, repose sur quatre colon-
nes, et s'élève à la hauteur de 84 pieds.

Rien ne manqua à la solennité de la canonisation dont nous avons à parler. Le pape
Pie IX y avait invité tous les évêques de la
catholicité qui pourraient faire le voyage.
Trois cents évêques environ répondirent à sa
voix, et arrivèrent à Rome dans les semaines
qui précèdent la Pentecôte. Ils venaient de
toutes les contrées du monde, de l'Asie, de
l'Amérique, de l'Afrique, de l'Angleterre, de
l'Irlande, de l'Écosse, de la Belgique, de la
Hollande, de la Prusse, de la Pologne, de la
Bavière, des bords du Rhin, de l'Autriche, de
la Hongrie, de la France. On remarqua, non
sans douleur, l'absence des évêques du Pié-

mont, de la Lombardie, du duché de Parme, du duché de Modène, du grand-duché de Toscane, de l'Émilie, de l'Ombrie, des Marches, du royaume de Naples, c'est-à-dire, de toutes les parties de l'Italie soumises au gouvernement de Turin; défense expresse leur avait été faite de paraître à Rome. Plus de quatre mille prêtres accompagnaient les évêques, puis une foule de religieux de tous les ordres, et une multitude de laïcs de toutes les conditions, en tout quatre-vingt ou cent mille étrangers, dont la grande majorité dut traverser la France, visiter Lyon, Avignon, Marseille, et prendre la voie de mer, celle de terre leur étant interdite par le gouvernement piémontais. La France tint dignement à Rome son rang de fille aînée de l'Église; c'était elle qui comptait le plus d'évêques, le plus de prêtres, le plus de fidèles. Les Romains le reconnurent et le proclamèrent dans plusieurs circonstances, au milieu des fêtes qui précédèrent et suivirent la canonisation, en criant à haute voix: Vive la France ! vive le clergé français ! vive la France catholique!

Le jour de la Pentecôte était enfin arrivé. L'aurore commençait à blanchir le ciel. Déjà le canon du château Saint-Ange se faisait entendre; et les oriflammes de l'Église étaient arborées sur les tours. Déjà le peuple descendait des sept collines à travers les milliers de voitures qui entravaient sa marche, roulant ses flots, comme une mer agitée, vers la basilique de Saint-Pierre, dont il allait remplir l'enceinte et la place. Bientôt le soleil se leva radieux; les coupoles s'illuminèrent de ses rayons les unes après les autres; le château Saint-Ange surtout devint resplendissant comme s'il eût été d'or. — A cinq heures et demie, les personnes privilégiées s'efforcent d'entrer à Saint-Pierre par la porte Santa-Maria. Lorsqu'elles ont pu pénétrer, elles cherchent, non sans peine, à se frayer un passage jusqu'à la place qui leur est assignée, se heurtant à chaque pas contre les camériers du Pape, contre les gardes palatins, contre les différents officiers chargés d'établir et de maintenir l'ordre. — Un peu avant sept heures, les ministres et les consuls des puissances étrangères commencent à entrer ; ils sont en quelque sorte perdus dans l'immense multitude qui inonde l'église. Une fanfare de trompettes annonce l'arrivée de la famille royale de Naples.

La basilique était décorée avec la plus grande magnificence. — A l'extérieur, une large bannière, appendue à la grande loge, représentait nos glorieux athlètes assis sur des nuages, planant sur ce bas monde, et montant vers le ciel. Sous le superbe portique, trois grands tableaux faisaient l'admiration de la foule. Au-dessus de la porte principale, on voyait attachés sur leurs croix les vingt-trois enfants de S. François d'Assise. A droite, au-dessus de la seconde porte, se trouvaient les trois enfants de S. Ignace de Loyola, eux aussi crucifiés. A gauche, au-dessus de la troisième porte, Jésus-Christ mettait son divin cœur dans le sein de son pieux serviteur Michel de Sanctis. — A l'intérieur, vingt-deux peintures représentaient les actions, les miracles et les gloires des bienheureux; des inscriptions latines donnaient l'explication des tableaux. Les piliers des nefs étaient ornés de tapisseries et de tentures d'une grande richesse. Des rideaux couvraient les fenêtres, et empêchaient la lumière du jour de pénétrer. L'église était éclairée par une multitude d'énormes lustres suspendus à la voûte, de gigantesques candelabres disposés sur le pavé, et par quinze mille cierges placés sur la majestueuse corniche de l'édifice. Des pompiers étaient établis près des transsepts pour prévenir tout incendie.

Il était un peu plus de sept heures, quand la procession papale, partie de la chapelle

Sixtine, entra dans l'enceinte du temple. On chantait l'*Ave, maris Stella*. Tous les assistants, disposés sur deux files, tenaient un cierge allumé à la main. — Après les membres de la sacrée congrégation des Rites, venaient les trois bannières des bienheureux. Sur la première figurait le bienheureux Michel de Sanctis ; elle était accompagnée d'un certain nombre de religieux de l'ordre des Trinitaires, auquel il appartenait. Sur la seconde bannière figuraient le bienheureux Paul Miki et ses deux compagnons martyrs ; elle était accompagnée de plusieurs Pères de la société de Jésus, dont ils faisaient partie. Sur la troisième bannière figuraient les martyrs Franciscains ; elle était accompagnée de plusieurs Pères du même ordre. — Les abbés mîtrés, les évêques, les archevêques, les primats et les patriarches portaient la mître blanche de lin. Les cardinaux, qui venaient ensuite, portaient la mître blanche de damas.

Il y avait là près de 400 mîtres. — Enfin paraissait le SOUVERAIN-PONTIFE, au milieu des officiers supérieurs de la garde palatine d'honneur, des officiers de la garde suisse, des camériers et des massiers. Il était porté sur la *sedia gestatoria*, sous un baldaquin, entre les flabellaires qui agitaient des éventails de plumes. Il avait une mître précieuse sur la tête ; il était enveloppé dans les plis du manteau pontifical ; de sa main gauche, recouverte d'un voile de soie brodé d'or, il portait un cierge allumé ; sa main droite se levait de temps en temps pour bénir la multitude agenouillée.

A mesure que le cortége pontifical s'avançait dans l'immense nef de Saint-Piere, une émotion indescriptible courait, avec la rapidité de l'étincelle électrique, dans tous les rangs de l'immense multitude des fidèles. *Le Saint-Père ! le Saint-Père !* disaient les Français. *Il Santo Padre !* criaient les Italiens. Et

Allemands, Espagnols, Grecs, Américains et Anglais, tous manifestaient le même enthousiasme, chacun dans sa langue. — Les chantres du Vatican chantèrent de leurs voix angéliques la magnifique antienne : TU ES PETRUS, *etc. VOUS ÊTES PIERRE ; ET SUR CETTE PIERRE JE BATIRAI MON EGLISE; ET LES PORTES DE L'ENFER NE PRÉVAUDRONT POINT CONTRE ELLE.*

Le Pape, après avoir adoré le Saint-Sacrement, se dirigea vers le trône qui lui avait été préparé au fond de la basilique, sous la chaire de S. Pierre, et reçut, assis, l'obédience des cardinaux et des évêques. Alors commença la cérémonie de la canonisation. Le cardinal postulateur, accompagné d'un cérémoniaire apostolique et d'un avocat consistorial, s'avança au pied du trône, et pria le Saint-Père *avec instance* de vouloir bien inscrire au catalogue des saints les bienheu-

reux Pierre-Baptiste, Paul, et leurs compagnons, martyrs, et le bienheureux Michel de
Sanctis, confesseur. Le Pape répondit qu'il
était parfaitement édifié sur les vertus et les
miracles de ces bienheureux ; que cependant
il exhortait les assistants à implorer pour lui
les lumières d'en haut, par l'intercession de
la bienheureuse Vierge Marie, des apôtres
S. Pierre et S. Paul, et de toute la cour céleste. Alors les litanies des saints furent en-
tonnées par deux chapelains, et chantées al-
ternativement par l'auguste réunion qui en-
tourait le Pontife, et par la multitude des fidèles dont les mâles accents ébranlèrent les
voûtes de la basilique.

Les postulateurs s'étant présentés une seconde fois au pied du trône, renouvelèrent
leur demande, mais avec *plus instance.*
Le Pape répondit qu'il voulait qu'on im-
plorât par de nouvelles prières l'assistance
du Saint-Esprit, source de toute sainteté et de

toute lumière. Alors on chanta le *Veni, Creator*. Le chant de cette hymne, exécuté avec une puissance et une mélodie incomparables, excita les plus vifs transports dans toutes les âmes. Un protestant anglais, qui était présent, fut presque suffoqué d'émotion.

Le cardinal se présenta une troisième fois au pied du trône, demandant, mais *avec la plus vive instance*, que Sa Sainteté ne tardât pas à exaucer la prière qui lui était adressée. Le Pape répondit que, la canonisation étant une chose évidemment agréable à Dieu, il voulait bien prononcer la sentence définitive. Alors toute l'assemblée se leva; et le Saint-Père, la mître en tête, assis sur la chaire suprême, comme docteur et chef de l'Église universelle, prononça en latin le décret de canonisation, qui définit la sainteté des vingt-sept bienheureux, et fixe la fête des martyrs au 5 février, et celle des confesseurs au 5 juillet. Cette nouvelle fut aussitôt annoncée au monde par le canon du château Saint-Ange et, par toutes les cloches de la ville de Rome, pendant que la basilique retentissait du chant du *Te Deum* entonné par le Saint-Père. Dans l'hymne ambroisienne, la foi et la piété des fidèles firent en quelque sorte explosion. Aucune expression ne peut rendre l'effet grandiose produit par ce chœur de quarante ou cinquante mille voix, exécutant, avec élan et transport, l'un des plus beaux chœurs de la liturgie. Quand on pense que ces quarante ou cinquante mille fidèles étaient venus de tous les points du globe, appartenaient à toutes les langues, et étaient cependant unis par les mêmes pensées et les mêmes sentiments, on se trouve heureux d'être catholiques.

Le *Te Deum* fini, on invoqua solennellement les nouveaux saints ; et la messe papale commença. Après l'évangile chanté en grec et en latin, Pie IX prononça une docte et touchante homélie en l'honneur des vingt-sept confesseurs de la foi. — A l'offertoire, les cardinaux de la sacrée congrégation des Rites, accompagnés de leurs gentilshommes, présentèrent au Saint-Père les présents d'usage. C'étaient de magnifiques cierges, deux pains, deux barils, l'un de vin, l'autre d'eau, et trois cages renfermant, l'une des tourterelles, l'autre des colombes, la troisième de petits oiseaux. Ces oblations diverses sont une réminiscence des premiers siècles, où les fidèles apportaient à l'église de nombreuses offrandes, qui servaient à la célébration du saint sacrifice, à l'entretien des édifices sacrés, à la subsistance des ministres de la religion, et au soulagement des pauvres. — Après la messe, le doyen du Sacré-Collége donna au Pape les quelques pièces d'argent qu'il est d'usage de lui offrir toutes les fois qu'il officie solennellement.

Il était une heure après midi lorsque la cérémonie se termina. Le peuple passa le reste de cette grande journée dans l'allégresse et le recueillement. La basilique de Saint-Pierre fut visitée, pendant toute la soirée, par une multitude innombrable de personnes, qui voulaient jouir encore du coup-d'œil des décorations. A la nuit, les églises des Franciscains, des Jésuites et des Trinitaires furent brillamment illuminées. Les piles du pont Saint-Ange étaient couvertes de torches et de lampions, dont la lumière se réfléchissait dans les eaux du Tibre. La grande coupole de Saint-Pierre, les bords du fleuve et d'autres lieux devaient aussi être illuminés; un orage vint contrarier l'illumination.

Le 8 juin 1862 restera inscrit dans les fastes de l'Église comme une des dates les plus mémorables de l'histoire. Jamais Rome, qui a cependant vu tant de choses, n'avait vu pareille réunion, pareil enthousiasme, pareille démonstration d'amour et de dévouement pour la chaire de S. Pierre. Puisse le saint pontife Pie IX, à qui ces jours ont donné tant de consolation, éprouver bientôt une consolation suprême, en voyant des enfants rebelles reconnaître leurs erreurs, implorer leur pardon, et lui rendre ce qu'ils lui ont injustement ravi !!!

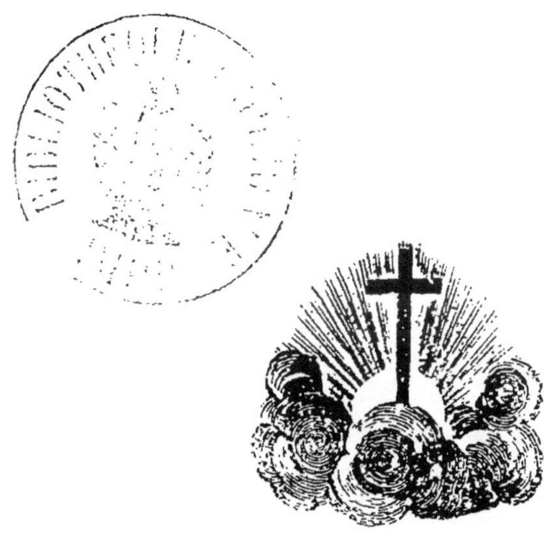

Angers, E. BARASSÉ, imp.-lib. de Mgr l'Évêque et du Clergé.

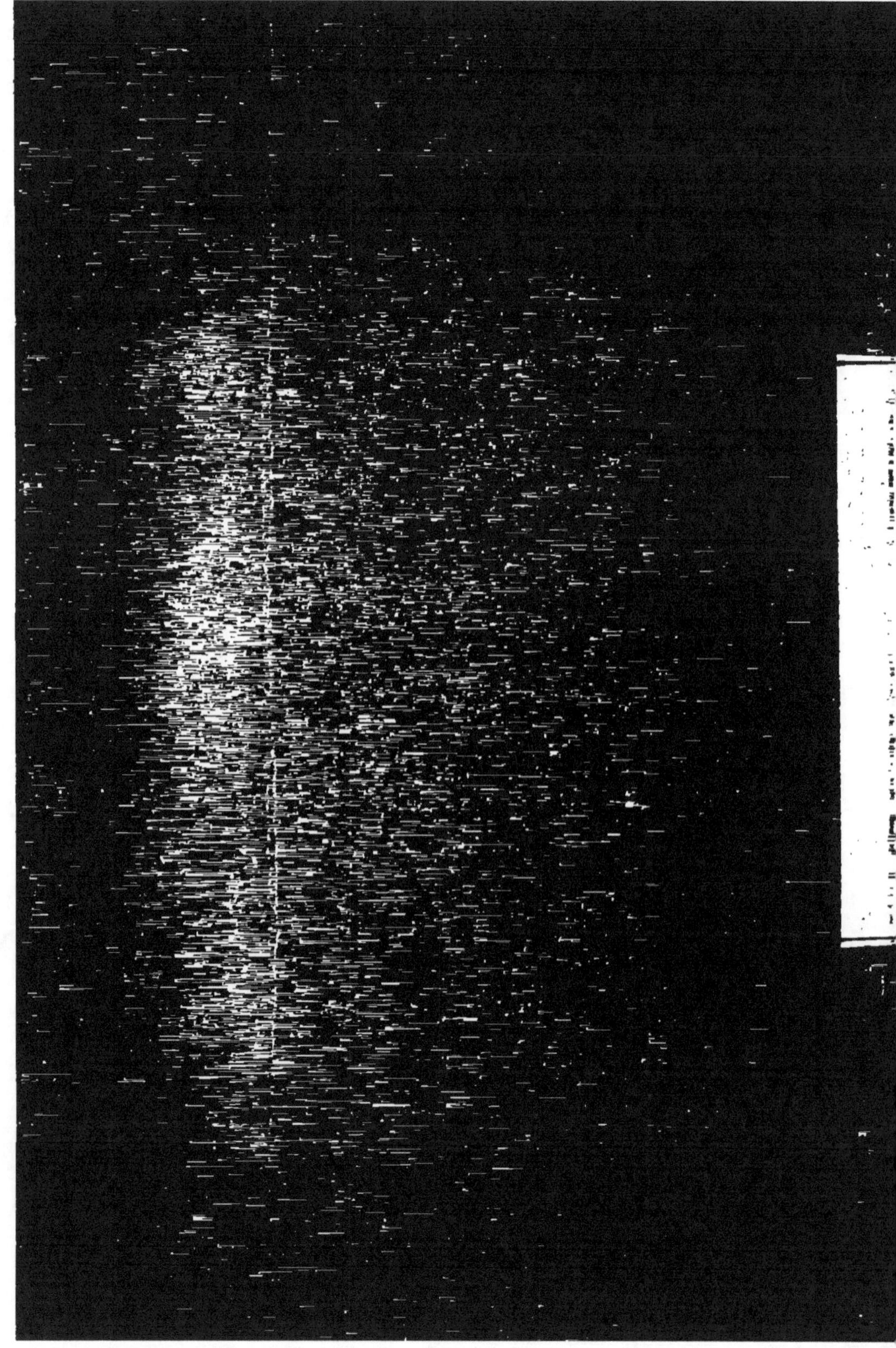